Uwe Ruprecht
Michael Schreiner
Bettina Tewes

Hotelzimmer

Verschwiegener Ort der Geschichten

mit Fotografien
von Martin Schack

schack, verlag

Archive des Alltags
Heft 5

Heft 1
Kino der 50er Jahre

Heft 2
Waschsalon

Heft 3
Pissoir

Heft 4
Keller

Heft 6
Foto-Fix

Inhalt

Michael Schreiner

Hotelzimmer

Verschwiegener Ort der Geschichten

Fragt man Menschen nach ihren Erfahrungen mit und in Hotelzimmern, stößt man in den meisten aller Fälle auf nur zwei Typen von Nutzern: die entschiedenen Meider, für die im Hotelzimmer alles fehlt, was ihnen zum behaglichen Rückzug vor der Welt unverzichtbar erscheint, die als erstes mit ekelverzerrtem Gesicht an die ungezählten Vorbenutzer von Bad und Bett denken und für die das Hotelzimmer an sich Inbegriff des Unbeheimatetseins ist und immer bleiben wird.

Die zweiten sind jene überzeugten Kenner, für die das Hotelzimmer in seiner Grundkonstellation schon ein namenloses Versprechen ist: *A room for my own.* Für sie kommt das Einquartieren im gemieteten Zimmer einem Ritus gleich, mit dem sich in jeder Stadt, in jedem Land das herstellen läßt, was erstere so sehr vermissen – ein behüteter Ort, der jeder Fremde das Ungewisse nimmt. Zudem schafft ihnen die scheinbare Neutralität des Raumes, der frei von allen Lasten der privaten Dingwelt und des eigenen Haushalts ist, erst die Voraussetzung für eine präzise Wahrnehmung ihrer Umwelt (vgl. Archive des Alltags, Heft 4, *Keller*). So erklärt sich, daß es vor allem Künstler und Schriftsteller waren und heute noch sind, die das Hotelzimmer auf Dauer mit der eigenen Wohnung tauschen: Von Anton Kuh, Dauermieter im *Adlon*, und Joseph Roth (›Hotelbürger‹) im Berlin der zwanziger Jahre, über jene ungezählten und illustren Gäste des *Hotel Chelsea* in New York bis hin zu Udo Lindenberg – um nur einen der bekannteren dieser »letzten Beduinen«[1] zu nennen.

WEST TWENTY THIRD STREET
AT SEVENTH AVENUE
NEW YORK. N.Y. 10011
"A LANDMARK OF N.Y.C."
212-243-3700

Die starke Ambivalenz des Hotelzimmers findet sich bei näherem Hinsehen aber auch in seiner Wortherkunft. Über das althochdeutsche *hospitalum*

(Gastzimmer) stößt man schnell auf das mittelhochdeutsche *gast*, was bezeichnenderweise sowohl dem heutigen ›Gastfreund‹ als auch der Bedeutung ›Fremder‹ entspricht. Und manchmal steht es in den Orten unterwegs immer noch da, unter ›Post‹ oder ›Goldener...‹ und ist doch nur ein leeres Versprechen: das *Fremdenzimmer*, das in seiner Wesensart in jedem Hotelzimmer enthalten ist.

Nirgendwo sonst liegt man schon nach zehn Minuten mit den Schuhen auf dem Bett. Ein Bett mit Tagesdecke, glattgestrichen wie ein neuer, noch nicht entfalteter Stadtplan. Die erste Beule im Kopfkissen. Nachmittags, zu einer Stunde, da man sonst nie liegt. Die Lichtschalter ausprobieren. Eine Schublade aufziehen. Briefpapier, das man nicht benutzen wird. Das Sich-Einrichten ist auf wenige Gesten beschränkt. Am Anfang, kleines Hotelritual, das Auspacken der Portionsseife für das erste Händewaschen. Erster Blick in den Spiegel im fremden Licht. Ein Sessel im Zimmer, in dem man nichts als Gegenwart erlebt, Gegenwart am fremden Ort. Ort mit Geschichten der ein, zwei Nächte. Jedes Zimmer ein heimliches Verzeichnis. Ankunft. Abreise. Ankunft. Abreise.

Es gibt diese Zimmer nicht mehr, die einfach nur Zimmer sind für eine Nacht, ohne ein freundliches Wort, ohne Verabredung und ohne Weckauftrag. Im Fremdenzimmer hatte man übernachtet, weil es genug war für diesen Tag, weil es sinnlos war, weiterzufahren. Der Reisende im Fremdenzimmer erwartete weder Begrüßungscocktail noch gezwungene Gastlichkeit, er verwöhnte sich selbst - mit Frauen, die er sich vorstellte, mit einem zufriedenen Blick in eine Kladde, mit dem Gedanken an das Versteck, in dem er sich befand. Der Weg dorthin ist allerdings noch heute meist derselbe: ein Stockwerk, dann links oder rechts weg vom Treppenhaus, ein Flur mit Zimmertüren, irgendwo eine Sitzgruppe, in der niemals jemand Platz nimmt. Prospektmaterial auf dem Gang, Nachrichten aus dem ewigen Halbdunkel. Fluchtwege und der Notausgang. Die Zimmernummer: Koordinaten unterwegs.

Heute gibt es andere Zimmer, gewiß um einiges komfortabler, aber in denen das Wesen des Hotelzimmers kaum noch zu finden ist. Das erste Multimedia-Hotel (*Linder Congress Hotel*) hat in Frankfurt mit Modem- und Video-On-Demand-Anschluß in jedem Zimmer und Internet-Terminals in der Lobby eröffnet, Berlin rüstet sich mit anonymisierten Bettensilos wie dem *Esterl* mit 1100 Zimmern und 2250 Betten. Wer hier logiert, darf kein ›Fremder‹ mehr sein. Er ist Gast, er ist Kunde, schlimmstenfalls ist er Tourist. Er wird versorgt zwischen Sauna und Satellitenfernseher, was bedeutet: Er wird behelligt.

In älteren Filmen und Romanen bewegten sich Figuren im Hotelzimmer wie in einer Zelle. Es ist dort ein Ort der existentiellen Erfahrung des einzelnen, ein Sonnensystem weit entfernt von dem Doppelzimmer mit Balkon, das den Urlauber heute aufnimmt. Die Geschichten, für die das Hotelzimmer von jeher eine verschwiegene Möglichkeitsform bot, finden sich zunehmend in anderen Medien als nur der Literatur wieder, für die das Hotel schon immer ein fruchtbares Sujet war. Die niederländische Konzept- und Theaterkünstlerin Wiepke Poldervaart hat mit der Gruppe *Trajekt* das verlassene »Hotel Krupp« in Hagen-Hohenlimburg 1996 in einen bizarren Ort der Bilder verwandelt; Sophie Calle schuf schon 1981 in ihrer Arbeit »L'Hotel« dem Phänomen eine Inkunabel, als sie als Zimmermädchen in einem venezianischen Hotel die Zimmer auf die Spuren ihrer abwesenden Bewohner hin untersuchte.[2] Und schließlich erzählen auch die Fotografien in diesem Heft von einem ungewöhnlichen Selbstexperiment, das Martin Schack 1990 im französischen Nancy unternahm: Vier Wochen im *Hotel Moderne*, Zimmer 2, für 47 FF die Nacht, Dusche extra. Es gibt keinen Ort, der stiller sein könnte als das Hotelzimmer.

ANNE
ARC
STELLA ARTOIS
HOTEL
MODERNE

HOTEL
MODERNE

Bettina Tewes

Von der Taverne zum Hotel

Beherbergungsbetriebe und ihre Geschichte

Die ersten Überlieferungen eines antiken Hotelwesens stammen aus dem alten Ägypten und Mesopotamien. Dort berücksichtigte bereits der babylonische König Hammurapi (1728-1686 v. Chr.) in seiner Gesetzgebung das Beherbergungsgewerbe. Aber auch den Griechen waren die Möglichkeiten der Unterkunft und Beköstigung auf Reisen bekannt, obwohl sie die Bleibe bei Gastfreunden den öffentlichen Herbergen vorzogen. Diese Häuser lagen vorwiegend in Kurorten oder an Orakelstätten (z. B. Delphi), um eine größere Anzahl von Gästen aufnehmen zu können. Eine besondere Attraktion stellten in Griechenland die Olympischen Spiele dar, die erstmals 776 v. Chr. zu Ehren des Zeus gefeiert wurden. Nachdem sie sich von einem anfangs nur regional bedeutsamen Kultspiel allmählich unter wachsender Beteiligung anderer griechischer Staaten zu einem einzigartigen Höhepunkt des sportlichen und kulturellen Lebens in Griechenland entwickelten, gewann auch dort das Beherbergungswesen eine besondere Bedeutung. Für Teilnehmer und Besucher wurden Unterkünfte und Gaststätten erforderlich, in denen Speise und Trank erhältlich waren.

In dieser Zeit nahm der uns heute noch gebräuchliche Begriff der Gastfreundschaft seinen Anfang. Das Wort *Gast* kommt von dem lateinischen Wort *hostis* und bedeutete *Feind.* Ein Fremder, der in ein anderes Land kam, war rechtlos und konnte ausgeplündert oder gefangengenommen werden. Bei Aufnahme durch einen Landesbewohner genoß der Fremde jedoch Schutz und Sicherheit als Gast. Durch besondere Zeichen wie z. B. Kränze, ›Buschen‹, Fahnen o.ä. teilten die Bürger den Reisenden ihre Gastfreundschaft mit. Die Gewährung von Unterkunft und Verpflegung wurde dem Landesbewohner im Gegenzug mit zum Teil recht kostbaren Gastgeschenken vergolten. In späteren Jahrhunderten wurde es üblich, die bei der Bewirtung entstandenen Unkosten auf das Gastgeschenk anzurechnen. Darüber hinaus entwickelten sich auch gewerbliche Gasthäuser, die gegen Entgelt Unterkunft boten.

Das antike Gaststättenwesen ist jedoch vor allem aus dem Römischen Reich nachgewiesen. Hier lagen Hotels (*hospitium*), Gasthöfe für Reisende mit Zug- und Reittieren (*stabulum*), Speisegaststätten (*popina*), Weinstuben (*taberna*) und Gaststätten mit Kaufmannsladen (*caupona*) vorwiegend in der Nähe des Stadtzentrums, an Stadttoren und an Fernstraßen. Neben den Reisenden stammte das Publikum dieser Gaststätten vielfach aus der armen Bevölkerung, die keine Kochstellen in ihren Wohnungen besaß. Man konnte auch bereits zubereitetes Essen nach Hause holen. Die Gasthäuser waren überwiegend wenig komfortabel eingerichtet und manchmal mit Bordellwirtschaft verbunden. Schon bald unterlagen sie deshalb der Aufsicht durch die öffentliche Verwaltung, die Vorschriften für das Meldewesen, die Preisfestsetzung und die Verwendung von Maßen und Gewichten erließ.

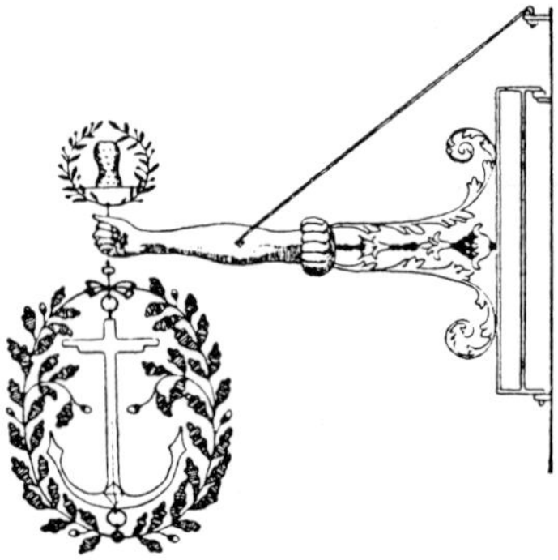

Gasthaus „Zum Anker"

Ausgehend von der Auffassung, daß es als Unrecht gelte, einem Menschen seine Tür zu verschließen, wurde die germanische Gastfreundschaft im 5. Jahrhundert n. Chr. bereits per Gesetz gefestigt. So gab es Geldstrafen für die Verweigerung der Unterkunft, die jetzt bis zu drei Tagen gewährt werden sollte. Eine solche private Gastlichkeit hielt sich besonders auf dem Lande und in abgelegenen Gegenden auch bis in die Zeiten hinein, als die gewerbliche Unterkunft bereits größere Bedeutung hatte. In den Städten wurden die Fremden schon frühzeitig in den gewerblichen Gaststätten untergebracht.[3]

Mit der Belebung von Straßen und Pilgerwegen bemühte sich auch die Kirche auf dem Grundsatz der Caritas, mehr Aufnahmemöglichkeiten für die ständig sich vergrößernde Zahl der Reisenden zu schaffen. Auf den wichtigen Straßen des damals internationalen Verkehrs bildeten sich Ketten von Hospizen. In den Gebirgsgegenden waren die Hospize von ganz besonderer Bedeutung. Bei ungünstiger Witterung mußten die Hospitalbrüder den Fremden den Weg zeigen und dafür sorgen, daß dieser gesichert wurde. In dieser Zeit entwickelten sich außerdem die Elendenherbergen, die bis weit ins Mittelalter bestanden. In der Fremde, hier als ›Elend‹ bezeichnet, wurden die Reisenden aufgenommen und verpflegt. Aus der Fremdenzelle der bischöflichen Behausung entstanden zudem die Fremdenhäuser (*Xenodochien*) der Stifter und Klöster, in denen die Fremden besser verpflegt werden sollten als die Mönche und Kleriker.[4]

Für Kaiser, Könige und Fürsten hingegen galt bis in das hohe Mittelalter besonderes Gastrecht. Während sie ihr Land durchzogen und in den Pfalzen wohnten, genossen sie das *jus albergariae*, eine »königliche Gastung«, die es ihnen erlaubte, kostenfrei aufgenommen zu werden.[5] Die Gastungspflicht der Bürger und Untertanen galt nicht nur für den König und sein Gefolge, sondern auch für die Beamten und die Boten, die in dessen Diensten reisten. Auch die Bischöfe besaßen ähnliche Rechte wie der König.

Vor diesem Hintergrund zeigte sich alsbald die Last, die mit der Gastungspflicht verbunden war. Besonders in den Städten gab es mit dem fortschreitenden Mittelalter das Bestreben, die hochgestellten Persönlichkeiten auszuquartieren. Sie wurden in gewerblichen Herbergen untergebracht. Parallel dazu setzte sich immer mehr der Gedanke durch, für Sach- und Personalleistungen im öffentlichen Interesse Bezahlung zu fordern. So entstand neben den Herbergen und Hospitälern allmählich die Taverne als älteste Form einer gewerbsmäßigen Gaststätte, wie sie bereits aus den römisch besetzten Gebieten bekannt ist.

Die alte Form der Taverne entwickelte sich weiter und gewann an wirtschaftlicher Bedeutung. Als ›Wirt‹ im Sinne von ›Herr‹ hatte der Haus- und Hofherr ursprünglich Gastfreundschaft geübt, wie es das Gastrecht verlangte. Jetzt übertragen sich die alten Worte ›Wirt‹ und ›Gast‹ auf das rein geschäftliche Verhältnis von Leistung gegen Zahlung. Dabei wurde die Funktion des Wirtes genau festgelegt. Ohne Erlaubnis – mit der schon zu dieser Zeit eine Abgabe verbunden war - durfte er kein Gewerbe betreiben. Neben Getränken und Eßwaren konnten jedoch auch solche Waren verkauft werden, die mit denen des heutigen Kleinhandels zu vergleichen sind.

Als der älteste deutsche Gasthof gilt der *Riesen* in Miltenberg am Main, der bis in das 12. Jahrhundert zurückgeht. Schon Kaiser Friedrich I., Kaiser Karl IV. und auch Luther nahmen hier Quartier.[6] Für den Betrieb von Gasthöfen und Hotels existierten umfassende Vorschriften, die u.a. vorsahen, jeden Gast aufzunehmen, sofern genügend Raum vorhanden war. Neben der Beseitigung der Obdachlosigkeit sollte dadurch vor allem die Anzahl von Gasthöfen erhöht werden. Durch die Meldepflicht gab es darüber hinaus eine lückenlose Kontrolle der Fremden. Die Pflicht des Wirtes wiederum bestand in einer Schutzpflicht gegenüber seinen Gästen: Er mußte dafür sorgen, daß keine Streitigkeiten entstanden, und zeigte sich auch für die eingebrachten Sachen verantwortlich.

Gemeinsamer Schlafraum in einer mittelalterlichen Herberge.
Aus einer Handschrift

Aus Reisebeschreibungen ist nachgewiesen, daß die Einrichtung solcher Gaststätten recht unterschiedlich war. In den besseren Häusern gab es ausgestattete Schlafkammern, in anderen schlief man im Heu oder auf dem Boden. Die uns heute bekannten Einzelzimmer waren jedoch unüblich. In den Zimmern stand vielmehr eine größere Anzahl von Betten, die im allgemeinen breiter als die heutigen waren. Als Matratze

MOD

diente ein Strohsack, über den man ein Leinentuch breitete. Federbetten wurden als Zudecken benutzt.[7] Eine durchaus übliche Vorkehrung für diejenigen, die es sich leisten konnten, war zudem die Mitnahme eines Reisebettes, das auseinandergenommen und in eine Truhe gepackt wurde.

Anders als heute waren die Reisenden viel stärker auf den Gasthof angewiesen. Hier waren sie vor öffentlicher Unsicherheit geschützt, konnten fremde Währung tauschen und Wagen und Pferde besorgen. Die Berechnung der Zeche erfolgte mit Kreide auf einem Zahlbrett oder einer Tafel und bediente sich noch nicht der arabischen Ziffern. Es genügten vielmehr Striche, Kreise oder Vierecke zur Abrechnung.[8]

Mit dem Mittelalter breitete sich der Reiseverkehr immer weiter aus. Die Steigerung des wirtschaftlichen Verkehrs, aber auch die Entdeckungen zwischen Mittelalter und Neuzeit trugen zu einer verstärkten Reisetätigkeit bei. Der Postverkehr nahm dabei eine besondere Stellung ein. Die Haltestellen lagen oftmals bei Gasthäusern; daher stammt der auch heute noch häufig anzutreffende Name *Zur Post*. Auch aus dem 16. Jahrhundert sind noch viele Gasthöfe bekannt und zum Teil bis heute erhalten geblieben. Dazu gehört u. a. *Auerbachs Keller*, der seit 1590 mit Leipzig verbunden ist und durch Goethes »Faust« berühmt wurde.

Außerdem zog vermehrter Wohlstand die Menschen in die Ferne. Das Hotel- und Gaststättengewerbe stellte sich auf immer mehr Reisende ein, die mit Fuhrwerken, Postkutschen oder auch Schiffen unterwegs waren. Im 17. Jahrhundert erschienen in Deutschland die ersten Führer, in denen zahlreiche Gasthöfe empfohlen wurden. Auch die Tischsitten änderten sich zunehmend. Anstatt das Fleisch mit den Händen zu zerreißen und zu essen, bediente man sich mehr und mehr der Gabel und der Serviette; ein Messer führte der Gast ohnehin mit sich.[9] Jetzt avancierten Schlagworte wie »Bequemlichkeit« und »Reinlichkeit« zu wichtigen Grundvoraussetzungen, um sich im 18. Jahrhundert so zu verselbständigen, daß sich in den gehobenen Stadtgasthöfen die Tafelsitten bald zur streng geübten »Tischzucht« verfeinerten.

Im 19. Jahrhundert erlebte die Entwicklung des Fremdenverkehrs eine erste Blütezeit. Zwei bahnbrechende Erfindungen kamen dem Reiseverkehr und damit dem gesamten Hotel- und Gaststättengewerbe zugute: die Dampfschiffahrt und die Eisenbahn. Auch die Wiederherstellung der Sicherheit auf den Straßen nach den Befreiungskriegen (1813-15) trug zu einem enormen Aufschwung des Fremdenverkehrs bei. Eine neue, bislang unbekannte Reiselust erfaßte die Menschen und führte sie zu Naturschönheiten und Kunstschätzen auch außerhalb ihrer näheren Umgebung. Um die Mitte des Jahrhunderts erschienen zahlreiche Reisehandbücher, die dazu dienten, verschiedene Vorschläge für Reiserouten und Tips zur Übernachtung zu geben. Um 1850 waren schon feste Angebote von Hotels und Gasthöfen bekannt, wobei die beste Unterkunft nach allgemeiner Anschauung die war, welche am meisten besucht wurde. Im gleichen Jahr erfolgte die Gründung des Internationalen Hotelbesitzervereins in Remagen sowie verschiedener Hotel- und Gaststättenorganisationen; etwa zehn Jahre später gab es die ersten Reisebüros.

Eine besondere Bedeutung bekamen die Bäderreisen. Es wurde geradezu Mode, alljährlich zur Kur zu fahren, sowohl um die Gesundheit zu kräftigen, als auch zum Besuch berühmter Festspiele oder Konferenzen. In großen Heilbädern wie Baden-Baden, Homburg oder Wiesbaden traf man sich in Hotels, die über eigene Badehäuser verfügten. Die Übernachtungspreise waren in den Zimmern angeschlagen. In den unteren Stockwerken und auf der Frontseite des Hauses waren sie am teuersten. Erst durch die Erfindung des Fahrstuhls konnten die Preise angeglichen werden. Zum Essen setzten sich die Kurgäste nach der Reihe, wie sie kamen, an die gemeinsame Speisetafel. Fremde, die ebenfalls teilnehmen wollten, mußten sich melden und auf einen ihnen zugewiesenen Platz warten. Es bestand jedoch auch die Möglichkeit, gegen Aufpreis auf dem Zimmer zu speisen. Die Preise waren in detaillierten Verordnungen festgelegt. Für die Gäste lagen Zeitungen aus; einige Hotels richteten zudem Buchläden ein, um der Leselust ihrer Besucher entgegenzukommen.[10]

Die ersten großen Hotels entstanden um 1850, um unmittelbar vor dem ersten Weltkrieg einen Höhepunkt in ihrer Entwicklung zu erlangen. Dabei nahmen in der Zukunft hauptsächlich die amerikanischen Hotels einen bedeutungsvollen Einfluß auf den weiteren Ausbau des Hotelbetriebes. Sie führten den Begriff »Lobby« ein, mit dem bis heute die meist prachtvolle Eingangshalle im Erdgeschoß bezeichnet wird. Ausgestattet mit Klubsesseln, Zeitungs-, Zigarren- und sonstigen Verkaufsständen, galt sie als gesellschaftlicher und geschäftlicher Treffpunkt schlechthin. Neben einem Sekretariat und der Kasse waren sogar eine Ausgabestelle für die Post und eine Telefonzentrale zur Vermittlung der Gespräche sowohl innerhalb des Hauses als auch mit der Außenwelt vorhanden. Selten hatten die guten Hotels unter zehn Stockwerken. In der Lobby liefen fortwährend Pagen, um die Namen der Leute auszurufen, die am Telefon verlangt wurden oder Besuch bekamen. In Amerika war es üblich, daß die Lobby nicht nur von den Gästen des Hotels benutzt wurde. Sie war vielmehr Aufenthaltsort für viele andere Menschen, die eine warme Halle der kalten Straße vorzogen oder hier ihre kleinen Geschäfte tätigten.

Vieles, was in Europa nur eine Bequemlichkeit mehr war, bedeutete in Amerika, als sich das Hochhaus als Bautypus verbreitet hatte, eine absolute Notwendigkeit. Dazu gehörte vor allem der Fahrstuhl, der aus dem modernen Hotelbetrieb nicht mehr wegzudenken ist. Auch die Zimmertelefone, durch die sich das frühere Pfeifen von der Galerie erübrigte, um den Hausknecht herbeizurufen, und auch die Klingeln oder geräuschvoll aufleuchtende Lichter ersetzten, gehörten dazu. Ebenso unentbehrlich wurde die Zentralheizung, fließendes kaltes und warmes Wasser und elektrisches Licht. Aus Amerika kommt auch die Erfindung des Dachgartens. So war das im Jahre 1884 von zehn New Yorker Künstlern fertiggestellte *Hotel Chelsea* das erste Hotel der Stadt, das einen Dachgarten besaß. Darüber hinaus überragte es alle anderen Gebäude an Höhe und entwickelte sich schnell zu dem gesellschaftlichen Treffpunkt der damaligen Intelligenz und Kulturszene.

Über das *Hotel Astor* in New York äußerte sich 1912 der deutsche Schriftsteller Ernst von Wolzogen: »Jeder, der es irgend affordern kann, kehrt in den großen Hotels ein, selbst Menschen, die man bei uns zu den kleinen Leuten rechnen würde, und reiche Leute, die auf dem Lande oder in den Kleinstädten wohnen, aber oft in der Hauptstadt zu tun haben, lassen sogar jahrein, jahraus ein Zimmer für sich reservieren. Folglich sind die Hotels immer voll und amüsant für jeden, der kein Menschenfeind ist. An Bequemlichkeit und Luxus wird dir für deine europäischen Begriffe Fabelhaftes geboten. Bad und Telephon in jedem Zimmer sind selbstverständlich ... und was das Allererstaunlichste ist – jeden Abend wird dein Bett frisch bezogen, als ob du ein Milliardär oder ein Erzschweinepelz wärst! Was aber das Schönste ist: du kannst ruhig abreisen, ohne durch ein Spalier von Trinkgeld heischenden Bediensteten Spießruten laufen zu müsssen.«[11]

Aus Amerika kam eine weitere Erfindung, die heute in keinem großen Hotel fehlen darf: die Hotelbar. Ohne genügend Zeit, sich an Tischen niederzulassen, stand man hier an der Theke, die entsprechend hoch gebaut war. Später ermöglichten hohe Barhocker das Sitzen auch an der Theke.

Schutzpatron Peter von Savoyen

In englischen Hotels breitete sich die Zeremonie des Teetrinkens aus. Im 1889 eröffneten *Hotel Savoy* in London gab es ein Tea-Foyer, in dem – noch heute – pünktlich um 16 Uhr der Tee serviert wird. Das Haus mit der Figur des Schutzpatrons Peter von Savoyen, das weit über die Grenzen Englands hinaus bekannt ist, verfügte über die ersten Fahrstühle der Stadt. Sieben hydraulische Lifts – davon einer ausschließlich für Hüte und Mäntel der Besucher – schwebten in die Etagen des damals höchsten Gebäudes der Stadt. Der Komfort zog nicht nur Schaulustige an, sondern wirk-

te beispielgebend auf viele andere Hotels der Zeit. Die damals so herausragenden technischen Neuerungen wie elektrische Beleuchtung Tag und Nacht oder das zum Zimmer gehörende Bad sind heute längst selbstverständlich. Hier entspannt sich der Gast unter einer Dusche, deren Brausekopf 30 cm Durchmesser beträgt. 290 kleine Wasserstrahlen berieseln ihn und lassen das Duschen zum Genuß werden. Zu Anfang des Jahrhunderts wurden im *Savoy* extravagante Feste gefeiert. Im hoteleigenen Ballsaal kam das Tanzen in Mode, und professionelle Tänzer führten die neuesten Tanzschritte vor. Neben legendären Festen gab es allabendlich ein Cabaret-Programm. Die Tänzerinnen traten auf einer Bühne auf, die sich hydraulisch aus dem Parkettfußboden um 30 cm hochfahren ließ, damit auch die entfernter sitzenden Zuschauer eine gute Sicht hatten. Die kostbare Ausstattung des Hauses war von jeher ein »Muß«. Noch heute strahlen kristallene Lüster und holzgetäfelte Wände klassische Eleganz aus. Die Empfangsdirektoren im Frack, mit gestreifter Hose, silbergrauer Krawatte und roter Nelke im Knopfloch wachen über die Einhaltung der Etikette: Ohne Jackett und Krawatte braucht man nicht auf einen Platz zum Speisen zu hoffen.[12]

Unverhüllter Luxus hat sich jedoch auch im *Hotel de Paris* in Monte Carlo erhalten. Prunkvolle Speisesäle laden noch heute ein, ausgiebig den Delikatessen der Küche zu frönen. Gärten und Pavillons gab es schon zur Entstehungszeit des Hotels in der Mitte des 19. Jahrhunderts. Von Jahr zu Jahr trafen immer mehr Gäste in Monte Carlo ein. Sie blieben nicht nur wegen einer Bäderkur zur Regeneration der Gesundheit, sondern auch wegen des angrenzenden Casinos, zumal nach dem Sieg Preußens im Deutsch-Französischen Krieg in ganz Deutschland ein Verbot für gewerbliche Glücksspiele verhängt worden war.[13]

Eine andere Form von Unterkünften, deren klassische Ära in Amerika stattfand, ist mit der Bezeichnung »Motel« verbunden. Auf der Suche nach Abenteuer und Arbeit verstärkte sich nach dem ersten Weltkrieg die Reiselust. 1922 waren bereits zwölf Millionen Autos auf amerikanischen Straßen unterwegs. Um dem Bedürfnis nach Übernachtungsmöglichkeiten auch außerhalb des eigenen PKW entgegenzukommen, schuf man an den Überlandstraßen Unterkünfte mit Parkplatz. Das charakteristische Merkmal dieser Quartiere ist ein langgestrecktes Dach, unter dem sich nur einstöckige Bauten befinden. Der Kalifornier Arthur Heinemann erfand dafür die Bezeichnung »Mo-tel«, die sich weltweit verbreitete. Ursprünglich wurden die Motels privat geführt. Vielfach bauten pensionierte Ehepaare ihre großen Landhäuser um und verlegten das Büro in die vorderen Räume, während sie selbst in den hinteren Räumen lebten. An das Landhaus wurde eine bestimmte Anzahl von einheitlichen Räumen für die Gäste angefügt.

Die Blütezeit der privaten Motels in den vierziger und fünfziger Jahren fand durch die Gründung von zahlreichen Motel-Ketten ein Ende.[17] Sie sind zu Symbolen der amerikanischen Mobilität geworden und eng verbunden mit dem Gefühl von Freiheit und Unabhängigkeit. Daneben stehen sie aber auch als Synonym für »sündige« Rendezvous. Nicht selten genießen sie den Ruf besserer Stundenhotels. Um dem entgegenzuwirken, werben die Besitzer mit einem hohen hygienischen Standard, der mindestens drei saubere Handtücher, Seife sowie sterilisierte und in Zellophan verpackte Zahnputzbecher vorsieht. Es ist üblich, daß die Zimmer mit mehr als zwei Betten ausgestattet sind, wobei sich niemand daran stört, wenn mehr Personen in einem Raum schlafen, als Betten vorhanden sind.

Motelzimmer sind sich alle ähnlich und fast gleich aufgebaut; selbst der Geruch der Reinigungsmittel scheint identisch. Manchen Motels ist ein Restaurant angeschlossen, in anderen ist der Gast auf Selbstverpflegung angewiesen. Für die Fahrzeuge allerdings ist immer gesorgt: Sie parken unmittelbar vor der Zimmertür.

Uwe Ruprecht

No. 224

Raymond Roussels Tod auf Reisen

Ein sonderbares Leben, ein rätselhafter Tod. Freitod? Unfall? Mord? Raymond Roussel war zeitlebens unterwegs, ohne sich je fortzubewegen. Er starb auf Reisen, im Hotel. Geboren als Erbe eines riesigen Vermögens, arbeitete er besessen, zumeist im Drogenrausch an seinen Texten und verfuhr dabei nach »einer philosophisch nicht zu rechtfertigenden Technik« (Breton), die erst ein posthumer Text erklärte, ohne sie zu enthüllen, der philosophische Qualität beigemessen wurde (Foucault), die von Duchamp, Robbe-Grillet, Michel Leiris und Konrad Bayer adaptiert und bei Dalí zur »paranoisch-kritischen Methode« zur Herstellung von Trugbildern wurde; Georges Bataille behauptete, einen sternförmigen, in einer Silberschachtel eingeschlossenen Keks von ihm besessen zu haben.

Am 3. oder 4. Juni 1933 kamen Roussel, 56 Jahre alt, und seine Lebensgefährtin Charlotte Fredez, genannt Dufrène, 53, im Auto mit Chauffeur in Palermo an und bezogen im *Grand Hotel et des Palmes* die nebeneinanderliegenden Zimmer No. 224 und No. 226. Dem Untersuchungsrichter gab Mademoiselle Dufrène zu Protokoll: »Ich lebe seit etwa 23 Jahren mit Signor Roussel Raymond eheähnlich zusammen, auch wenn ich ihn nie geheiratet habe. Er war stets ein Neurastheniker; er beschäftigte sich viel mit Literatur und Musik, hat literarische Arbeiten verfaßt und auch komponiert. In Frankreich hielt man ihn für ein Genie. Wir kamen vor sechs Wochen nach Palermo, weil Signor Roussel einen Klimawechsel wünschte.«

Sie waren nicht im ›AutoCarRoussel‹ gereist, dem Prototyp des Wohnmobils: schwarz und schmal wie ein Sarg, neun Meter lang und zweieinhalb breit. Roussel war der erste, der auf die Idee kam, Wohnung und

Auto zu montieren und damit, ohne den Ort zu wechseln, eine restlos senti*mentale* Rundfahrt zu unternehmen. Er war ein exzessiver Tourist; er kreiste um die Welt, wie andere um den Park joggen. Unterwegs unterbrach er nicht seine Gewohnheiten, sondern warf ihr Netz über den Globus. Er war angekommen, bevor er eintraf. Die Erde: ein Dorf, von dem er nicht mehr wahrnahm, als der Baedeker vorschrieb. Er kreiste in der rundum verspiegelten Kapsel eines ein für allemal festgelegten Weltbildes, auf Schneckenstraßen, die ihn zu dem führten, als den er sich selbst sehen wollte: als Autor, dessen Werke Strahlen über die ganze Erde sendeten, als Nachfahre Jules Vernes. Der Erfahrene versah das Schneckenhaus mit Rädern, weil er auf einer Weltreise seinen Koffer so oft ein- und ausgepackt hatte, daß ihm davor graute. Während der Fahrt blieben die Vorhänge zu; er las *Zwanzigtausend Meilen unter Meer.* Im abgedunkelten Wohnmobil die Erde umkreisend, wurde Roussel zum Gefährten Kapitän Nemos. Der Druck in der rollenden Dunkelkammer war so künstlich wie im U-Boot. Das passende Fahrzeug für den Mann, den Jean Cocteau in einer Drogenentzugsklinik beobachtete: »Roussel (...) lebt in der Thermosflasche. Er stimmt mit nichts in der Außentemperatur überein.«

Eindrücke aus Afrika, In Havanna, Neue Eindrücke aus Afrika heißen seine Bücher. Was wie Reiseberichte klingt, sind Geschichten aus dem Innern, den Innereien der Sprache, Berichte vom *Locus Solus.* Die Bücher schildern nicht die Reisen, sondern was von ihnen übrigblieb: die winzige Ansichtskarte in der gläsernen Kappe eines Kugelschreibers, der Kopf eines Hotel-Briefbogens. Eine Welt wie Jahrmarkt und Zirkus, in der teilnahmslos-schlichten Sprache der Märchen minutiös abgeschildert, wie mit Kinderaugen gesehen, zum einzigen Sinn der Verzauberung: ein riesiger Glaskristall, in dem Dantons von Haut und Knochen entblößter Kopf, den ein Katzenfisch elektrisiert, mit den Ruinen seiner Lippen stumme Fragmente seiner Rhetorik ausstößt; in Tarotkarten eingeschlossene Insekten, deren unwillkürliche Bewegungen ein musikalisches Räderwerk in Gang setzen, während

über ihrem Kopf ein grüner Lichtkegel aufleuchtet, wenn sie sich einer Weise ihrer schottischen Heimat erinnern; Leichen, die, durch die Kombination zweier Wundermittel angeregt, den einschneidendsten Moment ihres vergangenen Lebens wiederholen. Das Souvenir ist die Schleimspur der Schnecke daheim. Ein Überrest von Orten, die gesucht, aber nie wirklich besucht werden können, weil sie die längste Zeit in der Einbildung bestehen. Schreibend folgte Roussel einer Methode, die eine anschauliche, in Jules Vernes Idiom erzählende oder beschreibende Verbindung zweier klangverwandter oder -ähnlicher Worte oder Sätze schuf. Die Rue de Rivoli in Paris lag für ihn nur einen Zungenschlag entfernt von der gleichnamigen Straße auf Tahiti. Nicht Einbildungskraft trieb ihn um, sondern wahnsinnige Sprachanalyse: »Sprache als winzige Klinge, die die Identität der Dinge spaltet« (Foucault).

Sein ererbtes Vermögen hatte er endlich verschwendet. 1932 siedelte er aus seiner Villa in eine Pension in der Rue Pigalle um: Homosexuelle, Rauschgiftsüchtige, Kleinkriminelle. Er spielte Schach um Geld und studierte Endspielvarianten; für das Matt mit Springer und Läufer fand er eine neue Lösung, die Großmeister Tartakower in Zeitschriftenaufsätzen veröffentlichte. Er schrieb nicht mehr. »Das ist derart schwierig!« Hatte er zunächst vorgesehen, über seinem Grab ein Denkmal aufzurichten, das ein im Bibliothekswinkel stehendes Selbstportrait zeigen sollte, kaufte er nun zwei Grabstellen auf dem Père Lachaise mit je 32 Urnenfeldern zur Abdeckung mit dunklem und hellem Marmor; heute liegt dort ein schwarzer Steinsarg. Am 18. Januar 1933 hinterlegte er ein Testament. Am 9. März verfügte er, daß ihm nach seinem Tode »ein langer Einschnitt« in eine Ader am Handgelenk gemacht wird, weil er fürchtet, lebendig begraben zu werden. »Er war sehr krank, als er in Palermo ankam«, wurde Roussels Neffe und Erbe, Michel Ney, Herzog von Elchingen, von einem Reporter gefragt. »Vielleicht die Nerven...«

Roussel reduzierte die Gegenstände, mit denen er sich abgab, auf ein Minimum, das in einem Überseekoffer Platz hatte. Keine Papiere, keine Bücher bis auf einen

Karton mit 13 unaufgeschnittenen Exemplaren seines zweiten Buchs *Locus Solus*. Flaschengeister ringsum in No. 224 bildeten den magischen Kreis der letzten Beschwörung. In einer Schublade der Kommode: 16 Flacons mit Somnothyril, 15 mit Sonéryl, elf mit Rutonal, zehn mit Hypalène, acht mit Phandorme, eine Schachtel Declonol, ein Fläschchen Hyrpholène, ein Röhrchen Somnotyhril. In einem Pappkarton im Schrank: zehn Flacons Neurinase und zwölf Veriane; auf dem Schrank halbleere Flaschen mit Veriane, Veronidin, Neurinase und Neosedan, Sonéryl, Rutonal und Acetile.

Mitte Juni 1933 fuhr Charlotte für ein paar Tage nach Paris, um das verbliebene Personal zu entlassen. Am Tag nach ihrer Abreise wurde Roussel in No. 224 bewußtlos aufgefunden und vom Hotelarzt behandelt. Am Sonntag, dem 25. Juni, begann Charlotte, die Drogendosen zu notieren: »Sechs Tabletten Phanodorme abends um sechs, sechs um halb zwei Uhr nachts. Montag, 26. Juni: Acht Hypalène zehn nach fünf morgens, sechs um halb zehn, 30 Tabletten die Nacht durch. Dienstag, 27. Juni: Eineinhalb Flacons Vyriane. Mittwoch, 28. Juni: Drei Rutonal um halb fünf, drei um sechs und 12 während der Nacht.« Am Abend des 1. Juli reichte Roussel dem Zimmerkellner Tommaso Orlando, 29, zusammen mit dem üblichen Trinkgeld wortlos eine Handvoll Scheine mehr und ein Rasiermesser, deutete auf sein linkes Handgelenk und machte mit dem Zeigefinger die Geste des Schneidens. »Ich verstehe Sie nicht, Signor?« Roussel wiederholte das Zeichen. »No, Signor, no!«

2. Juli 1933, sieben Uhr. Der Zimmerkellner und der Hoteldirektor Leopoldo Serena, 42, eilten zu No. 224. Orlando klopfte an die Tür, sie warteten und lauschten. Keine Antwort. Orlando klopfte noch einmal und kräftiger. Nichts. »Den Hauptschlüssel!« ordnete der Direktor an. Er blieb zurück, während Orlando die Suite betrat; selbst in einer Notlage muß das Dekorum gewahrt werden. Das Zimmer war dunkel. Orlando machte Licht und verschwand aus Serenas Blickfeld. »Kommen Sie schnell, Herr Direktor!« Roussel lag mit aufgeschnittenen Pulsadern in der Badewanne. Der

Arzt wurde gerufen, legte Verbände an, erlaubte dem Patienten ausdrücklich eine beruhigende Dosis. Charlotte war mit dem Chauffeur in der Stadt einkaufen. Nach ihrer Rückkehr redete sie gemeinsam mit dem Arzt auf Roussel ein. Der schrie: »Lieber schneiden Sie mir Arme und Beine ab, ich gebe meine Fläschchen nicht her!« Dem Arzt schenkte er ein Exemplar von *Locus Solus*: »Lesen Sie ab Seite 33, was davor kommt, ist unnütz.«

Am 13. Juli verabredete Charlotte mit einer Klinik in Kreuzlingen am Bodensee eine Kur, die am 16. Juli beginnen sollte. »Donnerstag, 13. Juli: 40 Tabletten Sonéryl«. Letzte Ausfahrt, immer in der Runde um die Insel: *Paris - Palermo, Savoie - Suisse, Sicile - Suicide*. Unter den Bogengängen Buden und weißglühende Karbidbrenner, Masken. Um 19 Uhr sollte ein doppeltes Fest stattfinden: das traditionelle zu Ehren der Heiligen Rosalia und eines für ein faschistisches Fluggeschwader, das nach einer Atlantiküberquerung in Labrador gelandet war. Ein Maskenfest war Thema des ersten Texts, bei dem er mit 19 Jahren seinen Ruhm halluziniert hatte: *La Doublure*, das Double. Vom Wagen zum Aufzug, vom Aufzug ins Zimmer mußten Orlando und der Chauffeur ihn tragen. Trinkgeld 20 Lire. Er hatte nicht mehr die Kraft, ein Glas hochzuheben. Blickte vom Balkon auf die belebte Straße. Gegen 21 Uhr 30 fand ein Wettbewerb erleuchteter, fantastisch ausstaffierter Boote und Inseln auf dem Fluß statt. Um 22 Uhr ein Feuerwerk. »In girum imus nocte et consumimur igni, wir kreisen in der Nacht und werden vom Feuer verzehrt.« Mit den letzten Lichtspritzern am Nachthimmel um 22 Uhr 15 verließ ihn Charlotte. 23 Uhr. Er hatte Angst, aus dem Bett zu fallen, und legte die Matratze auf den Boden. Charlotte rief durch die Verbindungstür, die er erstmals verschlossen hatte: »Wie geht es dir?« – »Mach dir keine Sorgen!«

14. Juli, zehn Uhr: Ein patriotischer Gast beging mit seinem Grammophon den französischen Nationalfeiertag: »Der Tag des Ruhmes ist gekommen.« Auf der Piazza wurden die Reste des Fests fortgefegt. Mussolinis Schwarzhemden patrouillierten. Im Hotel ging der

Gepäckträger Antonio Kreuz seiner Arbeit nach und klopfte an die Tür von No. 224. »Signor! Sind Sie da?« Charlotte erschien vor No. 226: »Was ist?« – »Ich wollte, wie aufgetragen, die Koffer holen. Der Chauffeur wartet unten.« Charlotte rief: »Raymond?«

Der Polizeibericht verzeichnete: Daß der Genannte in Rückenlage tot auf einer auf den Erdboden verbrachten Matratze ruht; daß der erwähnte Leichnam wie folgt bekleidet ist: ein weißes Nachthemd, weiße Unterhosen, schwarze Socken und wollenes, champagnerfarbenes Unterhemd; daß der Genannte unter einer Gehirnerkrankung litt und grundlos mit seiner Zimmernachbarin stritt; daß der Genannte einen Erguß hatte, bevor er starb. Unter der Matratze befindet sich ein Nachttopf mit etwas Urin. Wahrscheinlich zwischen Mitternacht und zwei Uhr morgens gestorben. Todesursache: Überdosis. Der Leichnam wird einbalsamiert.

Obwohl so kraftlos, daß er getragen werden mußte, räumte er noch in der Nacht das Zimmer um, schleifte die Matratze auf den Boden? Kein Blatt von seiner Hand in No. 224, nur der Zettel von Charlotte: »Freitag, 30. Juni: Somnothyril 19 ohne Euphorie. Sechs Stunden Schlaf. Samstag, 1. Juli: Eine Flasche Neurinase (...) Mittwoch, 12. Juli: Eineinhalb Flaschen Veriane. Etwas Schlaf und eine außerordentliche Euphorie.« Leonardo Sciascia, der die Polizeiakten durchsah, vermerkte, daß der Chauffeur Roussels Erben zu erpressen versuchte und daß Charlotte ihn vor dem Untersuchungsrichter verschwieg, so daß er nie vernommen wurde. Am 21. Juli wurde die Versiegelung des Hotelzimmers aufgehoben, der Leichnam zur Beerdigung freigegeben.

Anmerkungen & Literatur

1 »Hotels - mode de vie«, in: Libération Magazine, 11.3.95. Paris, Seiten 24–37

2 Kulturhuset Stockholm: Sophie Calle - in under skinnet. Stockholm 1991

3 Hoffmann, Moritz: 2000 Jahre Gaststätte. Frankfurt a.M./Berlin 1954, Seite 13 f

4 Rauers, Friedrich: Kulturgeschichte der Gaststätte, Teil 1 & 2. Berlin 1942, S. 160

5 Hoffmann a.a.O., Seite 22

6 Rauers a.a.O., Teil 1, Seite 172

7 Hoffmann a.a.O., Seite 64

8 Rauers a.a.O., Teil 1, Seite 242

9 Rauers a.a.O., Teil 1, Seite 386

10 Hoffmann a.a.O., Seite 111 f

11 Ernst von Wolzogen: Der Dichter in Dollarica. Berlin 1912, Seite 237

12 Walther, Gabriele M.: Hotels. Geschichte in Geschichten. Köln 1990, Seite 93 ff

13 Walther a.a.O., Seite 9 ff

14 Walther a.a.O., Seite 9 ff

15 Walther a.a.O., Seite 29 ff

16 Walther a.a.O., Seite 197 ff

17 Ingo Hermann, in: Walther a.a.O., Seite 7

Literatur

zu »No. 224«

Jean Cocteau: Über R. R., in: R. R., In Havanna. Als Kanevas gedachte Dokumente. Ein Romanfragment. Frankfurt am Main/ Paris 1982

André Breton: R. R. 1877 bis 1933, in: ders., Anthologie des schwarzen Humors. München 1971

Michel Foucault: R. R. Frankfurt am Main 1989

Hanns Grössel (Hg.): R. R. Eine Dokumentation. München 1977

R. R.: Locus Solus. Frankfurt am Main 1977

R. R.: Nouvelles Impressions d'Afrique, frz./dt. München 1980

R. R.: Eindrücke aus Afrika. München 1980

Uwe Ruprecht: Blinder Passagier. R. R. als Reisender. SPUREN in Kunst und Gesellschaft No. 13. Hamburg 1985

Leonardo Sciascia: Akten betreffend den Tod des R. R. Rowohlt Literaturmagazin 20. Reinbek 1987

Autorinnen und Autoren

Uwe Ruprecht geboren 1958, studierte Philosophie, arbeitete als Redakteur und Lektor in Hamburg, Wien und Berlin; lebt als Schriftsteller in Stade an der Unterelbe.

Michael Schreiner, geboren 1961 in Saarbrücken. Journalist und Reporter einer Tageszeitung. Lebt in Augsburg.

Bettina Tewes, Jahrgang 1961, Kunsthistorikerin. Lebt in Recklinghausen.

Vier Selbstmordversuche in einer Nacht überlebt

La Rochelle (AFP) – Ein 39jähriger Mann hat in der westfranzösischen Stadt La Rochelle in einer einzigen Nacht vier erfolglose Seblstmordversuche unternommen. Zunächst schluckte er in seinem Hotelzimmer eine Überdosis Tabletten, wie die Polizei mitteilte. Weil die Medikamente wirkungslos blieben, schnitt er sich in der Badewanne die Pulsadern auf und warf schließlich noch ein laufendes Elektrogerät ins Wasser. Als er auch im dritten Anlauf erfolglos war, stürzte er sich aus dem Fenster im zweiten Stockwerk des Hotels. Er kam mit leichten Verletzungen davon.

Süddeutsche Zeitung, 6. 3. 1996

Impressum

schack, verlag
Postfach 10 36 25
44036 Dortmund
ISSN 0947-9791

Druck und Verarbeitung
Grüne, Dortmund-Hombruch

Recherche
Heike Baller, Köln

Schlußredaktion
Nicole Poppenhäger, Marburg

Die Deutsche Bibliothek – CIP-Einheitsaufnahme
Archive des Alltags. - Dortmund : Schack-Verl. H. 5. Hotelzimmer : Verschwiegener Ort der Geschichten / Uwe Ruprecht ... - 1996

ISBN 3-929983-05-2